OBSERVATIONS

ET NOTES

SUR LE

CHOLERA-MORBUS

ORIENTAL.

IMPRIMERIE DE P. DUPONT ET GAULTIER-LAGUIONIE,
RUE DE GRENELLE-SAINT-HONORÉ, N° 55.

OBSERVATIONS

ET NOTES

SUR LE

CHOLERA-MORBUS

ORIENTAL,

PAR M. DURINGE,

DOCTEUR EN MÉDECINE ET EN CHIRURGIE DE L'UNIVERSITÉ DE GOETTINGUE, ETC.

Auteur de la *Monographie de la goutte ;* de la *Monographie du rhumatisme ;* de *l'Exposition de la doctrine médicale allemande,* etc.

PARIS,

CHEZ TOUS LES LIBRAIRES, ET CHEZ L'AUTEUR, RUE SAINT-HONORÉ, 327.

1831.

OBSERVATIONS

ET NOTES

SUR LE

CHOLERA - MORBUS

ORIENTAL.

La fièvre jaune, par suite de la guerre d'Amérique, s'était développée avec une fureur sans exemple dans cette contrée ; et apportée en Europe à plusieurs reprises, tandis qu'elle faisait des milliers de victimes en Espagne, une autre épidémie, plus terrible encore, éclatait dans l'Orient. Née dans le Bengale en 1817, cette dernière avança dans l'espace de cinq ans, en s'étendant sur une superficie de terrain de cinquante degrés de latitude et de soixante de longitude, d'un côté jusqu'à l'île de Java, d'un autre, jusqu'à la Perse ; au nord, jusqu'à la Chine, et à l'ouest, jusqu'à l'île Bourbon. Dans les trois premières années de son apparition, plus de 3,500,000 victimes tombèrent sous sa faux. Depuis 1822 elle ne se propageait que lentement vers les frontières de la Turquie asiatique, lorsque tout-à-coup elle les franchit, laissant après elle d'horribles traces, passe la Mer-Noire, prend pied dans la partie méridionale de la Russie, pénètre dans le cœur et jusqu'à l'autre extrémité de cet empire, se jette à droite, à gauche, envahit la Pologne et la Prusse, descend et se répand dans l'intérieur de la Hongrie et de l'Autriche, et menace maintenant l'Allemagne de tous côtés.

Qui est-ce qui garantira notre sol de l'invasion de cette maladie, qui, bien qu'elle soit désignée sous le nom d'une autre connue de nos médecins, est cependant *toute nouvelle pour nous ;* maladie inconnue encore quant à sa nature ; sur le caractère contagieux de laquelle les opinions des médecins sont partagées, et pour le traitement de laquelle nous sommes à peine parvenus à la connaissance d'une méthode dont l'application promette du succès?

Pénétré de l'importance extrême et de l'urgence du sujet, je me hâte, en apportant ce faible tribut à la science, de m'acquitter envers la société d'un devoir aussi impérieux que douloureux. Puisse-t-il m'être permis de contribuer à vaincre ou du moins à affaiblir l'ennemi qui nous menace!

Loin donc de moi l'idée d'être à même de fournir quelque chose de complet ou d'entièrement satisfaisant; je n'ai d'autre but que de communiquer au public les observations que j'ai faites et les faits que j'ai recueillis lorsque, près du théâtre de cette cruelle maladie, j'étais en rapport avec plusieurs médecins orientaux et anglais, qui, visitant en cette qualité l'Orient, l'ont observée et traitée avec beaucoup de succès en divers lieux et pendant de longues années et lorsque, dans mes voyages scientifiques à Vienne, Berlin, etc., et plus tard, placé à la tête d'un hôpital en Allemagne, j'eus occasion d'observer et de traiter plusieurs maladies épidémiques et typhoïdes.

Ce petit travail est divisé en six paragraphes.

1° De la nature du pays de l'Inde, le berceau du choléra.
2° Dénomination du choléra-morbus.
3° Histoire du choléra dans l'Orient.
4° Causes du choléra oriental.
5° Phénomènes de cette épidémie.
6° Traitement du choléra oriental.

§ Ier.

De la nature du pays de l'Inde, considérée comme cause éloignée du choléra et y prédisposant, et de la manière de vivre de ses habitans (1).

Sur la surface du monde il existe cinq à six fleuves qui se jettent dans la mer, non en torrens, mais qui, se traînant en un cours lent et sinueux, y arrivent par de nombreuses embouchures peu profondes. Le cours rampant et tranquille de ces fleuves donne aux terrains situés entre les embouchures l'aspect de contrées fertiles et riantes ; mais sous cette riche verdure fomentent des bourbiers et des marais infects dont les émanations engendrent pour les habitans un état de souffrance continuel, des maladies qui minent lentement les sources de la vie, ou qui, l'attaquant comme un coup de foudre, la rompent brusquement.

---

(1) Toutes les matières renfermées dans la présente brochure ont été, depuis quelque tems, successivement insérées dans plusieurs journaux de la capitale.

C'est ainsi que les habitans du delta du Rhin, en Zélande, ceux des environs du Pô, dans le Milanais, le Vénitien, des Marais-Pontins, etc., sont continuellement atteints de *fièvres intermittentes*. Les inondations du Nil occasionnent des maladies terribles connues sous le nom de *peste*, etc. La *fièvre jaune* règne presque sans interruption dans les deltas du Mississipi, de l'Orénoque, etc.

En jetant les yeux sur le delta du Gange, le Bengale et l'Inde orientale, nous y remarquons des phénomènes plus redoutables encore par la chaleur ardente du soleil, qui lance pendant toute l'année ses rayons brûlans presque perpendiculairement sur le sol.

Le Gange, ce fleuve immense, en débordant ses rives, couvre les plaines basses du Bengale d'une masse d'eau trouble et bourbeuse.

Le sol s'élevant peu à peu aux approches des bords de la mer, le fleuve, avant de verser ses eaux dans le golfe, est obligé de se diviser en une très-grande quantité de canaux qui, s'étendant sur une superficie de terrain de cent quatre-vingts lieues de long et de cinquante de large, forment une enceinte couverte de forêts, de bois épais, de roseaux de marais, etc., qui sont peuplés d'une quantité prodigieuse d'animaux de toute espèce.

Beaucoup de rivières qui se jettent dans le Gange sont chargées, les unes de pierres calcaires, les autres de salpêtre; d'autres contiennent des eaux bleues-noires ou vertes, et d'autres encore chargées de cuivre : l'usage de ces dernières est tellement dangereux que le douzième *bataillon* d'indigènes a failli en être empoisonné presque entièrement.

Les marais de Sasseram, toujours en putréfaction, causent à leur tour, par leurs exhalaisons, les maladies les plus meurtrières.

A ces influences pernicieuses s'en joignent bien d'autres encore : la religion des Hindous, par exemple, commande, aussitôt l'homme expiré, de brûler son cadavre sur les bords du Gange et de confier ses cendres au saint fleuve. Cette loi, pleine de sagesse dans un climat si brûlant, est totalement négligée : par paresse ou misère on couche le cadavre sur un léger treillis et à peine noirci par la flamme on le pousse dans le fleuve pour arriver ainsi jusqu'à la mer, si toutefois il n'est pas aussitôt retiré par les chiens affamés des parias, pour être dévoré en se le partageant avec les animaux de proie de toute espèce. Tous les jours on voit à quelque endroit du fleuve 100 à 150 cadavres dans cet état. Les habitans des pays où manque l'eau courante les jettent dans celle qui se trouve à leur portée; une citerne ou tout autre conduit d'eau remplace le saint fleuve du Gange, fournit aux vivans l'eau pour boire et sert de sépulture aux morts.

La saison froide commence dans ces contrées après le 15 octobre : c'est alors que le tems est ravissant. Les Européens se sentent raffraîchis; la végétation est dans son état le plus luxueux.

Vers la seconde semaine de février, la saison chaude s'annonce par un vent du sud très-fort et continuel; la chaleur augmente progressivement jusqu'au mois de mai.

Au milieu de juin, la saison des pluies commence; l'eau tombe en masses si énormes, que quiconque n'a pas vu ces phénomènes ne saurait s'en faire une idée.

C'est alors qu'ont lieu, dans les contrées sillonnées par les ramifications nombreuses de canaux dont j'ai parlé, les plus grandes inondations. Dans les contrées plus près de Calcutta se forment des marais immenses d'eau épaisse et bourbeuse; nombre de plantes et d'animaux y pourrissent et remplissent l'air de vapeurs méphitiques.

Lorsqu'en novembre et décembre, l'eau diminue et laisse le sol exposé à l'influence du soleil encore brûlant, on ne tarde pas à en ressentir les suites funestes, si, au contraire, par malheur, la saison pluvieuse tarde à s'établir, beaucoup de personnes alors sont subitement victimes de la chaleur ardente des mois de juin et de juillet; mais il n'y a pas de fléau qui puisse être comparé à la dévastation qu'entraîne la fin prématurée et subite de la saison pluvieuse; ce qui quelquefois a lieu.

A cette époque, le soleil tombant perpendiculairement sur une immense masse d'eau bourbeuse, la met en fermentation; des exhalaisons méphitiques infectant l'atmosphère, répandent dans toutes les directions la peste et la mort; la famine, suite du desséchement du riz avant sa maturité, met le comble à la misère des habitans du delta du Gange.

Si les maladies de ces contrées ne se manifestent pas de suite, les causes qui les font naître, ainsi que *la chaleur presque continuelle*, minent néanmoins lentement, et sans retour, la santé des Européens surtout. Il ne faut donc point s'étonner de n'y voir que rarement un sexagénaire.

L'unique moyen, pour l'Européen condamné à vivre dans l'Inde orientale, de conserver le mieux possible sa santé, c'est d'étudier exactement la manière de vivre des plus prudens de ses compatriotes émigrés et des indigènes, et de s'y conformer. Nous allons en donner une description très-succinte.

L'Européen visitant les Indes orientales est d'abord étonné de l'uniformité du costume des habitans, qui est le même depuis des siècles; il fait partie de leur religion. Les riches portent leurs vêtemens assujettis seulement par une ceinture. Les pauvres sont presque nus, ayant soin d'oindre leur corps d'huile pour prévenir l'effet dangereux de l'ardente chaleur.

Dans le même but, tous indistinctement portent un turban, que les Européens remplacent, mais très-imparfaitement, par un parasol et une étoffe de coton mouillée mise dans leur chapeau.

En général il est à remarquer que dans l'Inde il faut porter sur la peau, non de la toile, mais de la laine ou du coton, comme mauvais conducteurs de la chaleur, parce que dans ces climats il est urgent de modérer la transpiration, mais non de l'arrêter et de la rendre, par la diminution de l'irritabilité des pores, semblable à celle des Hindous, qui est huileuse et gluante.

Les femmes sont également nues, à l'exception de la gorge, qu'elles soutiennent avec un linge attaché à leur cou ou autour du corps; elles se teignent la plante des pieds et la paume des mains en rouge à l'aide d'un mélange de feuilles de l'*hinnah* et de *chaux*, pour empêcher la transpiration excessive de ces parties, à laquelle les Hindous sont sujets. Afin de prévenir et de guérir les inflammations des paupières, les Indiennes les noircissent avec de l'*antimoine* pulvérisé, ce qui contraste singulièrement avec le blanc très-vif de leurs yeux. Les femmes mariées ou d'un certain âge se font teindre les dents en noir pour empêcher la production du tartre; dans ce même but, elles mâchent continuellement une feuille de *bétel*, qui renferme des substances aromatiques et un peu de chaux. Ce moyen sert encore à stimuler le palais et l'estomac, à rendre l'haleine agréable, à augmenter la salivation et à colorer les lèvres.

Les Hindous, assis à terre, tiennent les jambes croisées afin d'y favoriser la circulation du sang. Les Européens mêmes ne pouvant supporter la fatigue que leur occasionne la position perpendiculaire des jambes pendant qu'ils sont assis, les étendent sur un tabouret, ou, à son défaut, sur une table. Pour aider à la circulation du sang, les habitans se font frotter et comme pétrir tous les membres. L'usage de fumer chez les Indiens favorise les fonctions digestives et intestinales; celui de se baigner tous les jours dans l'eau froide, de se rincer la bouche après chaque repas, est très-utile dans un pays où se corrompent si promptement toutes les substances animales et végétales.

Les habitations des Hindous sont disposées de manière à affaiblir l'effet de la chaleur. A Bénarès, par exemple, les maisons, bâties de pierres dures de sable, sont hautes de six étages, n'ayant que de très-petites fenêtres; les rues sont tellement étroites, que rarement le soleil y pénètre. Dans les maisons basses, au contraire, bâties en pisay et jonc, les fenêtres sont larges afin d'augmenter, par un courant, l'effet raffraîchissant des nattes de jonc placées sur les fenêtres et qu'ils ont soin de faire continuellement arroser. Les Européens font bâtir leurs maisons de la même manière; les parquets sont de *tarras*; souvent arrosés, ils procurent une fraîcheur salutaire aux pieds. Ils entourent leurs habitations d'arbres touffus, de bois épais.

Un usage, à la vérité dégoûtant, chez les Hindous est d'arroser deux à trois fois par jour les murs de leurs maisons avec une dissolution de fiente de vache dans de l'eau; ils restent renfermés toute la journée assis sur une natte, humant de l'eau rafraîchie sans cesse avec du salpêtre, comme font les Européens pour toutes leurs boissons. Si un déplacement devient nécessaire, ils se font porter en litière garnie de nattes ou d'une couverture de coton mouillée.

Beaucoup de contrées de l'Inde seraient, sans de telles précautions et d'autres encore, tout-à-fait inhabitables.

§ II.

Dénomination de la maladie.

Les médecins anglais donnèrent à cette maladie, lorsqu'elle parut pour la première fois, du moins avec une violence sans exemple dans l'Inde, le nom de *cholera-morbus*, parce que ses *symptômes* se rapprochent le plus de ceux de l'*épidémie de ce nom*, décrite par Sydenham, et qui régna à Londres dans les années 1669 et 1676.

Ce nom impropre (la sécrétion de la bile dans cette maladie, loin d'être augmentée, est au contraire arrêtée) fut remplacé par beaucoup de médecins par celui de *choléra spasmodique*, car ils prétendent que la rétention de la bile est occasionnée par une affection spasmodique, et ils donnent pour preuve de leurs assertions les violens spasmes universels qui tourmentent les cholériques.

D'autres médecins l'appellent *choléra épidémique*, pour la distinguer du *choléra ordinaire sporadique*; d'autres encore, *cholera spasmodica maligna*. Tytler lui donne le nom de *morbus oryzeus*; car, selon lui, la maladie est occasionnée par l'usage du riz nouveau et mauvais. Enfin, d'autres médecins la désignent simplement sous le nom de *choléra oriental*, afin de la distinguer non seulement du *choléra ordinaire*, mais encore d'indiquer l'origine de cette épidémie, très-probablement occasionnée par les influences émanées de l'Inde.

§ III.

Itineraire du choléra-morbus dans l'Orient.

Dès 1815 et 1816, on remarqua dans l'Inde orientale que les différentes saisons éprouvaient les variations les plus extraordinaires. Des suites fâcheuses ne tardèrent pas à se manifester. Le nombre de maladies, surtout de fièvres bilieuses et de choléra ordinaire, était plus grand que pendant les autres années. En 1817, vers la fin de janvier jusqu'au milieu du mois de mars, d'énormes masses d'eau occasionnèrent des inondations sans exemple; la chaleur ardente du soleil mit ces eaux stagnantes, ces marais en putréfaction; l'atmosphère se trouva constamment chargée de vapeurs méphitiques de toute espèce; la mortalité s'accrut d'une manière effrayante.

Le 19 août de la même année le docteur Tytler fut appelé à Dschissore, ville située au bord du Gange à 100 lieues anglaises de Calcutta, et où jusque là il y avait eu peu de malades.

Le malade au secours duquel le médecin fut appelé était un homme dans l'âge mûr; il se trouvait dans l'impossibilité de remuer aucun membre : ses parens agitèrent l'air contre sa figure et essayèrent de lui introduire de l'eau dans la bouche. On assura que la veille il se portait très-bien, que dans la nuit il avait été saisi, sans cause connue, de violentes coliques, de vomissemens et de déjections alvines dont il souffrait encore, et qu'il était en outre tourmenté d'une soif ardente.

Son visage était pâle, plombé, exprimant de l'angoisse : ses yeux étaient creux, enfoncés dans leur orbite, les paupières à moitié fermées; le front était couvert d'une sueur froide; les extrémités et la surface du corps étaient glacées; le pouls aux articulations des mains et aux tempes, absent; bref on y retrouvait tous les symptômes qui surviennent aux empoisonnemens de *datura stramonium* ou d'une autre plante vénéneuse. C'est cette circonstance, jointe à celle que le malade devait paraître en justice, comme témoin important, dans un procès d'assassinat, qui fut cause que le docteur Tytler, à la vérité un peu trop précipité dans son jugement, manifesta des soupçons d'empoisonnement.

Le lendemain le malade mourut; la nouvelle de sa mort fut répandue plus qu'elle ne l'aurait été sans cela. Mais dès le matin du même jour les Hindous annoncèrent que dans le même coin du bazar dix autres, personnes étaient mortes des mêmes symptômes de maladie, que sept autres, couchées dans un autre coin du même endroit, en étaient tourmentées, et que plusieurs individus se mouraient de la même maladie dans la ville.

Alors fut ordonnée une enquête de police et judiciaire. Elle constata que depuis trois jours la maladie régnait dans la ville, et que du 20 au 21 août quinze personnes en étaient mortes au bazar.

Les cas que je viens de rapporter sont ceux du choléra-morbus qui ont été les premiers connus, du moins des médecins; car, d'après les rapports du conseil de santé du Bengale, il est très-probable que la maladie avait déjà paru, dès les mois de mai et de juin, dans beaucoup de villes situées du côté du nord-ouest de Dschissore.

L'épidémie, s'étant ainsi fixée dans ce dernier endroit, moissonna, malgré la fuite d'habitans, plus de six mille personnes en peu de semaines; bientôt elle se répandit dans les villages voisins et parcourut les deux rives du Gange, de canton en canton. Cependant elle avait aussi paru à Calcutta dans les premiers jours du mois d'août; ses progrès inquiétaient déjà vivement les Hindous, mais elle n'atteignit les Européens que dans le mois de septembre. Ses ravages furent de plus en plus meurtriers; du mois de janvier jusqu'à la fin de mai 1818, deux cents personnes moururent par semaine.

C'est avec cette rapidité que l'épidémie, ayant envahi en trois ou quatre semaines presque toutes les villes et tous les villages un peu considérables, se répandit sur une superficie de terrain de quatre à cinq cents lieues. Toute la population du Delta du Gange avait considérablement diminué.

Ce fléau, en partant de Calcutta, se propagea de la même manière du côté du Sud, le long de la côte de Coromandel jusqu'à l'île de Ceylan; toutefois, il commença bientôt à borner ses ravages, pour quelque tems, à certaines contrées. C'est ainsi qu'il quitta le Bengale pour ne se fixer, durant plusieurs mois, que sur les rives de l'ouest du Gange et du Dschumna; mais, revenant au mois de mars de nouveau à Alla-Habad, au confluent de ces deux fleuves, il y sévit avec tant de fureur que, de la fin de mars jusqu'à la fin d'août, il y tua 30 à 40 personnes par jour, en tout de 8 à 10,000. De là cette cruelle maladie envahit des contrées qu'elle avait jusqu'alors épargnées; elle moissonna, dans le canton de Gorrokpur, jusqu'à 30,000 personnes par mois; à Benarès, 15,000 moururent en deux mois, et dans le district de Tirfut 4000 individus succombèrent en une semaine.

Vers le 6 ou 7 novembre, elle attaqua dans les environs de Dschobbalpure une division du corps d'armée du marquis de Hastings. En 12 jours 8 à 9000 soldats, au nombre de 80 à 90 par bataillon, en furent victimes. La maladie cessa lorsque l'armée campa sur les hauteurs des montagnes, après avoir laissé dans sa marche tous les chemins jonchés de morts et de mourans. Les médecins d'alors, quoique sur pied jour et nuit, se trouvèrent bientôt dans l'impossibilité absolue d'assister les malades. Toute l'armée était dans un morne silence; quelques soldats isolés allaient d'un camp à un autre s'informer du sort de leurs camarades; des troupes d'indigènes en pleurs portaient au fleuve leurs parens et leurs amis décédés; mais à la fin on n'eut plus, pour ce service, ni le tems nécessaire, ni assez de bras. Les corps restaient gisant sur le lieu de leur mort, ou étaient à l'instant enterrés ou jetés dans le premier fossé.

A l'ouest, l'épidémie faisant 15 à 20 lieues anglaises par jour, s'arrêtant 15 jours à 6 semaines à chaque endroit, se répandit dans Nagepur, où elle atteignit le camp du colonel Adams, à la division duquel elle fit éprouver pendant 4 à 5 jours des pertes considérables; puis, passant en ennemi par Dschaulna, Aurengabad, Achmed-nagore, Serur, Punah, traversant en ligne droite là presqu'île en-deçà du Gange, elle arriva le 9 ou le 10 à Bombay. Dans cette ville moururent, du mois d'août 1818 au mois de février 1819, 1133 personnes sur 14,651 malades. De là elle passa au nord et au sud, le long de la côte de Malabar, mais d'où il nous manque des détails précis.

Cependant, bientôt après elle cessa ses ravages à Bombay, ponr y revenir en septembre 1820, et en faire de plus grands; elle reparut une troisième fois, en mai 1821; elle sévit alors avec une telle fureur qu'elle rompit en peu d'heures le fil de la vie des hommes les plus forts; il y mourut, du 23 au 28 mai, 235 personnes.

En février et mars 1821, elle gagna Surate, ville située au nord, sur la côte de Malabar, mais elle n'y fut pas violente. C'est probablement par ce point qu'elle pénétra dans l'Arabie où, à Mascate, en juillet 1821, par une chaleur des plus fortes, elle frappa beaucoup de victimes qui succombèrent au bout de dix minutes au milieu des souffrances les plus atroces. L'iman de Mascate compta, lorsqu'en juillet l'épidémie cessa, seulement parmi ses sujets, 60,000 morts.

L'épidémie sévit de même tout le long du golfe persique; à Bassora, en quinze jours elle y moissonna 14,000 hommes : à Balrein et à Buschir moururent vers la fin d'août 20 personnes par jour. De là ce fléau pénétra dans l'intérieur de la Perse, dans Kosrun et Schiras; au commencement d'octobre 1821, 16,000 victimes périrent en cinq jours. A cette époque déjà la maladie aurait sans doute pénétré plus avant si la chaleur, en diminuant d'intensité, n'y eût mis obstacle.

La maladie reparut une seconde fois à Calcutta en 1818, puis une troisième fois en 1819, mais moins violente qu'en mars, avril et mai 1820, où, du 1er mars au 19 mai, 1951 cas de mort furent connus parmi les Hindous; du 13 au 19 juin, il y mourut encore 305 personnes. Cependant, avec la saison pluvieuse et après le mois de septembre, la maladie diminua d'intensité, et en avril 1821 sa violence avait considérablement diminué.

Dans les années suivantes, après sa première apparition, cette maladie ravagea avec la même fureur les contrées situées plus haut vers le Gange et à l'ouest de ce fleuve. C'est ainsi qu'elle jeta l'épouvante, au printems de 1819 et en mai 1820, dans la ville de Dschaulna et de Heiderabad, à l'automne de 1820 et au commencement de l'année 1821, a Nagepur, où elle fut tellement meurtrière, que 2 officiers d'un régiment d'indigènes moururent, 150 soldats et 300 de sa suite; un autre régiment perdit 150 hommes et 250 de sa suite; un troisième régiment 3 officiers et 300 recrues. Cette peste augmenta d'intensité avec la chaleur de l'été de l'année 1821, à Duab, à Darwar, à Beranpure, dans les environs de Heiderabad et dans tout le Bengale. Ce n'est qu'à la fin de juin, après une chaleur sans égale depuis plusieurs années, que la maladie cessa au commencement de la saison des pluies, laquelle à son tour occasionna des inondations et des désastres inouis.

Les rapports annoncés par les autorités de Madras, Calcutta et Bombay, sur la propagation de la maladie depuis 1817 vers la côte de Coromandel, n'étant pas parvenus à ma connaissance, je n'en peux fournir de détails plus étendus. Mais je pense que la population étant sur cette côte moins nombreuse, les villes plus petites, cette maladie y fut moins meurtrière.

En octobre 1817 elle parut à Nellore, à 80 lieues anglaises de Madras, où elle reparut encore en mars 1819, et une troisième fois de même qu'à Pondichéri, au printems de 1820; en décembre 1818, elle se manifesta à Ceylan; au commencement de l'année 1819 à Jafnapatnam; il paraît qu'elle y fut apportée par un navire venant de la côte de Coromandel, située vis-à-vis ce port. De là elle pénétra dans l'intérieur du pays; sévit en janvier à Manevar, situé du côté sud-ouest de Candi.

Les 26 et 27 du même mois, elle envahit Colombo, port situé sur la côte ouest de cette île, et en février elle se manifesta à Candie même. Du 21 décembre 1818 au 21 décembre 1819, 477 individus tombèrent malades parmi les troupes cantonnées dans cette île; il en mourut 203; à Candi périrent 40 malades sur 50; et 50 sur les 90 qui furent reçus à l'hôpital jusqu'au 21 juin 1819. A Aliput, sur 21 malades, 14 succombèrent; en général, l'épidémie a été en cet endroit beaucoup plus meurtrière que sur le continent de l'Inde; aucun malade ne s'y rétablit sans l'emploi de médicamens. En juillet 1820 l'épouvante se répandit à bord des vaisseaux du port de Trinkonomali.

De Ceylan ce fléau s'est introduit dans l'île Maurice. Dans les premiers dix jours, il moissonna, au port Louis, peuplé de 8,000 habitans, cinquante personnes par jour. Toutes les affaires y cessèrent; tous les habitans se dispersèrent dans les campagnes. Mais la peste les y suivit; elle envahit d'abord le district de Pamplemousses, quelques jours plus tard Floeg, et de là Grand-Port, un peu plus tard Savannah et Belembre, ne quittant presque jamais les côtes. C'est ainsi que l'épidémie exerça ses ravages pendant toute l'année 1819 et jusqu'à la moitié de 1820. De 1492 soldats, 69 en furent atteints du 29 novembre au 18 décembre; mais 14 seulement moururent. De 133 personnes reçues à l'hôpital civil, 94 moururent; de 440 malades dispersés dans la ville, 193 succombèrent : elle perdit en tout, dans cet espace de tems, 700 personnes, tandis qu'à d'autres époques le nombre des morts ne s'élevait que de 90 à 120. Parmi la troupe, du 19 novembre 1819 au 4 février 1820, 269 individus tombèrent malades, 235 furent guéris, et 34 moururent. Dans les plantations, sur 100 personnes, il en périt 10 à 15, et dans cette île, de 100,000 ames, le nombre des morts s'éleva, dans l'espace de trois mois, de 4 à 10,000.

Nonobstant la plus rigoureuse quarantaine ordonnée à l'île Bourbon, la maladie y pénétra au commencement de décembre 1819, et cela, comme on le prétend, par le débarquement de quelques nègres. A Saint-Denis, capitale de cette île, périrent, le 14 janvier 1820, 8 esclaves. La ville fut abandonnée par une partie des habitans et entourée d'un cordon sanitaire; un lazaret fut établi, mais le tout sans succès. L'épidémie ne cessa entièrement que dans les premiers jours de mars. De 256 cholériques, 178 succombèrent dans la proportion de 19 blancs sur 33, de 5 hommes de couleur sur 8, et de 154 nègres sur 215.

Après avoir suivi cette terrible maladie jusqu'au dernier moment de son incursion vers l'Ouest, nous allons la suivre aussi vers l'Est, d'où, à la vérité, des détails suffisans nous manquent.

Nous avons déjà dit que cette maladie, poursuivant sa marche principalement sur la rive droite du Gange , avait pourtant gagné promptement la rive gauche de ce fleuve ; d'après cela la presqu'île au-delà du Gange subit aussi la dévastation générale. C'est ainsi qu'en ravageant d'une manière impossible à décrire elle porta, dans la seconde moitié de l'année 1819, la terreur à Siam ; les habitans furent forcés d'enlever le toit de leurs maisons afin d'attirer les oiseaux de proie pour y dévorer les cadavres.

Dans la capitale seule de ce pays, à Bancok, il y eut 40,000 victimes (1). Dans le royaume d'Arrakan, à Malaka, sur l'île du Prince-Walis, l'épidémie régna au commencement de l'année 1819 ; mais elle cessa bientôt, quoique dans ce dernier endroit elle reparut une seconde fois, vers la fin de l'année 1819. A Sinkapure, elle régna également au commencement de la même année. Vers la fin de 1819, elle envahit Samarang , dans l'île de Java ; le 30 avril il y périt 5 personnes.

En même tems elle se manifesta à Batavia, à Japara et tout le long de l'immense côte du nord de cette île jusqu'à son extrémité nord-ouest. A Passarowang, à Surabaja , etc., partout le nombre des morts augmenta chaque jour. Le 9 mai moururent à Samarang 158 personnes, parmi lesquelles 58 Européens. Du 22 avril au 3 mai, dans la même ville, périrent 1,255 hommes, parmi lesquels 101 Européens. Au 19 mai, la violence du fléau parut moindre dans quelques endroits, mais dans d'autres il continua avec presque la même fureur. Les contrées élevées, dans l'intérieur de l'île, ne furent atteintes de la maladie que vers le milieu du mois de mai, surtout celles où des forêts et des montagnes arrêtaient le courant des vents.

En 1821 elle fit de nouveau de grands ravages à Java, sans cependant que nous ayons la certitude qu'elle y eût cessé dans l'intervalle qui précéda cette époque. En juin de la même année, périrent par jour, à Samarang, 4 à 500 personnes ;

---

(1) Afin de savoir à quoi attribuer la cause du fléau, le roi convoqua une assemblée dont faisaient partie principalement les nobles, les prêtres et les astronomes. Dans cette assemblée, il fut unanimement reconnu que l'épidémie provenait d'un génie malin qui, troublé dans son séjour ordinaire, inconnu et fort éloigné, s'était réfugié à Siam, en prenant la forme d'un poisson, et que l'unique moyen de l'éloigner serait de l'attaquer et de le chasser par le bruit des canons, des fusils, des lances, des piques, des sabres, des tambours, et d'autres armes et instrumens semblables qui pussent effrayer le génie. Après que l'exécution de cette délibération eut été ordonnée par un décret impérial, il s'assembla au point du jour, sur le bord de la mer, une quantité innombrable de personnes. On tira nombre de coups de canon, de fusil ; on fit partir des fusées et des boîtes ; des milliers d'hommes se lancèrent dans la mer avec des piques, des fusées, des glaives, des frondes, etc. , afin de livrer combat au monstre et de l'épouvanter. Mais lorsque le soir, à sept heures, le spectacle eut fini ; 7,000 cadavres, qui, en attendant, étaient tombés victimes du choléra, restèrent étendus sur la mer et dans son voisinage.

Les Hindous ne se firent pas une idée moins singulière de cette épidémie ; les Bramins en tirèrent parti en l'attribuant à la colère de la déesse Oulabebi *(la Diarrhée)*, et à une rixe entre elle avec le dieu Kali. Ils ordonnèrent, afin d'apaiser la colère de la déesse, d'aller en pèlerinage au temple qui lui était consacré à Kalinghaut, de lui porter de riches offrandes, et de se baigner tous les jours dans le saint fleuve du Gange. Les Hindous obéirent par milliers à cet oracle ; mais ils devinrent pendant ce pèlerinage, ou peu après, victimes précisément du fléau qu'ils espéraient éviter.

à Japara, 20; à Banlam, 100; à Sura-Baja et à Passarowang, plus de 170 par jour. A Batavia, il ne mourut, à cette époque, que 5 personnes par jour; en juillet, la maladie y diminua sensiblement, par suite (comme on croit) de distributions abondantes de médicamens. D'après les rapports, qui sûrement ne contiennent pas le nombre total des victimes, le choléra moissonna à Java, le 1er juin 1821, 525 victimes; le 8, 1107; le 15, 958; le 22, 947; le 29, 1001, et le 21 juillet, 679.

Ce fléau épouvantable s'est également montré en 1820 à la Cochinchine et à Tunkin. Il y fit des victimes sans nombre. Le 18 octobre, il pénétra même jusque dans la Chine, où nous ne pouvons le suivre, faute de détails précis.

On voit, par cet exposé succinct de l'historique de cette épidémie dans l'Orient, que dans l'espace de cinq ans elle s'est étendue d'un côté de la Chine jusqu'à l'île Bourbon, de l'autre, de Java jusqu'à la Perse, et que dans sa marche elle a moissonné plus de 3,500,000 ames. Et nous sommes encore, jusqu'à ce jour, privés des moyens de l'arrêter !

Je ne dirai rien de l'itinéraire de cette épidémie en Europe; il est généralement connu.

§ IV.

Causes de la maladie.

Il me paraît hors de doute qu'en général l'on ne puisse établir en principe que les causes *des maladies qui se développent particulièrement sous les tropiques* sont, dans toutes, les mêmes, et qu'il n'y a que la différence du pays, du cours et la succession des diverses saisons, etc., qui produisent chez les individus de divers peuples, âges, sexes et tempéramens, des maladies différentes, telles que la fièvre jaune, le choléra-morbus, les inflammations du foie, les fièvres bilieuses, etc. (*Voyez* Causes prédisposantes, etc., page 2.)

La cause générale, patente, ou éloignée, comme on l'appelle ordinairement, de toutes les maladies des climats brûlans, est *un dérangement dans l'équilibre, entre la circulation du sang et l'irritabilité de l'organisme*, qui survient inévitablement chez les individus nouvellement arrivés dans ce pays.

Car de l'augmentation excessive de la transpiration de la peau résultent une inactivité, une paralysie des extrémités des vaisseaux, par laquelle la masse du sang est refoulée à l'intérieur : en même tems, une cause semblable dans les extrémités des vaisseaux sécrétoires du foie arrête la circulation du sang dans le système de la veineporte, si actif dans ces climats, d'où il doit nécessairement résulter une congestion excessive des humeurs dans les organes mésaraïques et intestinaux, ce qui bientôt est suivi de symptômes de fièvre. Mais comme dans ces climats la transpiration, précisément par suite de son abondance, s'arrête très-facilement, alors les extrémités des vaisseaux des organes mésaraïques, surchargées d'humeurs, s'en débarrassent, et déposent les parties glaireuses et âcres de ces humeurs sur la surface intérieure des intestins, laquelle se trouve ainsi continuellement disposée à l'irritation et à l'inflammation.

Allant plus avant à la recherche des causes, et ne considérant que la forme de la maladie, il me paraît évident *du moins* que la cessation de la circulation du sang dans le système de la veine-porte, du mesentère, et de l'abdomen en général, doit nécessairement entraîner une suppression de la sécrétion de la bile , accompagnée de gonflement du ventre pendant que tout le reste du corps se décharne, et que de cette suppression , si elle subsiste quelque tems, le *choléra-morbus* doit être le résultat inévitable; les vomissemens et les déjections alvines ne doivent dans cette maladie être considérés que comme des efforts inutiles de la nature tendant à rétablir l'équilibre. Mais dès l'instant que l'état du malade s'améliore , il rend alors en abondance de la bile dont la suppression totale jusque là avait occasionné la maladie.

§ V.

Phénomènes du choléra.

La succession des symptômes de cette maladie est presque la même dans tous les cas.

Voici le rapport authentique des autorités de Calcutta :

La maladie commence ordinairement par une plénitude et des douleurs dans le creux de l'estomac, par un gonflement du ventre, par des nausées et une disposition à aller à la selle. Presque immédiatement après surviennent des vomissemens et des déjections d'une matière liquide, claire, de couleur pâle, sans goût ni odeur; le malade éprouve de l'angoisse, de l'asthme et une sensation de constriction au cœur et dans toute la région de cet organe. En même tems, et bientôt après, ont lieu de violentes convulsions, qui d'abord se manifestent dans les doigts des mains et des pieds, et qui ensuite s'étendent sur les articulations des mains, sur l'avant-bras, les mollets, les lombes, le ventre et la partie inférieure de la poitrine (1). L'activité du cœur et des artères diminue, le pouls disparaît sensiblement aux articulations des mains et des tempes, et sur la fin il n'est point du tout sensible au toucher, ou il ne bat que très-faiblement et d'une manière confuse.

La respiration devient pénible et accélérée, elle est accompagnée de soupirs et

---

(1) Marshall rapporte deux cas remarquables dans lesquels les convulsions ne s'établirent que lorsqu'une mort apparente était déjà survenue et que le cadavre de l'un des malades avait été déjà porté au dépôt mortuaire. Dans les deux cas, la tête était jetée, par des crampes et des convulsions violentes, dans des directions diverses; les doigts des pieds lentement distendus et courbés à l'intérieur; les extrémités inférieures , portant sur les talons, étaient tournées autour du bassin; les mains courbées alternativement en avant et en arrière ; les doigts distendus, et également raides, courbés à l'intérieur. Chez l'un d'eux, ces contractions spasmodiques durèrent vingt minutes ; chez l'autre, pendant trois quarts d'heure; aucun d'eux n'en avait éprouvé pendant la maladie. A l'instant où elles se manifestèrent, tous les moyens furent sur-le-champ mis en usage , mais sans aucun succès.

d'inspirations souvent entre-coupées ; la peau est pâle, étirée, froide, gluante, humide, occasionnant au toucher une sensation désagréable ; elle est couverte de grosses gouttes de sueur froide, de couleur plombée, bleuâtre, pourprée ou bleu-noir.

Les traits de la face disparaissent et présentent un aspect horrible. Les yeux en sugillation sont enfoncés dans leur orbite, de couleur comme de verre, couverts d'une membrane épaisse, entourés de cercles bruns foncés ou noirs ; l'œil est hagard, la bouche desséchée, la langue bleuâtre ou blanche, balbutiante, la voix rauque et faible.

Chez des constitutions faibles, ou lorsque les attaques sont violentes, la scène est bientôt terminée ; le malade tombe dans un état de morosité pendant lequel les forces manquent soit pour vomir, soit pour évacuer par le bas ; alors il ne rend que peu de liquide par la bouche lorsque les spasmes saisissent les muscles abdominaux, ou involontairement par en bas lorsqu'il se retourne dans son lit. Sa fin s'approchant sensiblement, il est enlevé au milieu d'un nouvel accès de spasmes, en douze, six, quatre heures, ou même en une seule heure. Quelquefois cet état de prostration se prolonge, mais toujours la mort s'ensuit inévitablement.

A l'égard de la manière, de l'ordre et de la succession des symptômes, il existe beaucoup de variations. Généralement la maladie commence par des vomissemens, mais souvent aussi par la dyssenterie ou les spasmes. Dans quelques cas, la victime, comme frappée de la foudre, expire sur-le-champ. Par le vomissement et les selles, est évacuée une grande quantité de liquide aqueux, sans goût, mais qui quelquefois est acide, de couleur verte comme une effusion de thé, épais, tenace, comme mêlé d'amidon ou de glaires ; dans aucun cas, les malades ne rendent au commencement des matières fécales ou bilieuses. S'il arrive que le malade soit encore en vie au bout de 24 ou de 48 heures, ou, ce qui quelquefois a lieu, après trois jours, alors l'état de décharnement et de prostration se termine chez les indigènes par une transpiration cutanée et par le sommeil, et chez les Européens par les phénomènes d'une fièvre bilieuse.

Dans quelques cas, après que des symptômes favorables, par exemple de la chaleur, etc., se sont manifestés, il survient subitement une récidive et la mort. Si le malade ne succombe pas, les suites de la maladie sont ordinairement une disposition à l'inflammation chronique de l'estomac, des digestions imparfaites, quelquefois une hydropisie incurable, la perte de l'ouïe et de la vue, la fièvre nerveuse, la fièvre lente, etc.; dans un seul cas une paralysie des membres inférieurs. Plus tôt se manifestent des selles brunes-noires fécales, comme consistant en bile corrompue, plus l'augure est favorable.

Quelquefois, mais rarement, les évacuations consistent en un liquide semblable au chocolat, surnagé de flocons; ces cas sont toujours mortels. La maladie est quelquefois précédée de l'évacuation d'une grande quantité de matière noire et bilieuse, comme il arrive lorsque, dans un dérangement des organes digestifs, on fait usage d'une purgation.

Le rapport du conseil sanitaire de Bombay nous fournit la description suivante des symptômes de cette maladie.

Elle commence ordinairement par une grande faiblesse, des tremblemens, des vertiges, des nausées, des vomituritions violentes, des vomissemens et des déjections de liquides aqueux, gluans, comme mêlés d'amidon, de couleur verdâtre ou semblables au petit-lait.

Ces symptômes sont accompagnés ou bientôt suivis de spasmes violens, qui commencent toujours par les doigts des pieds et des mains, gagnent les articulations des mains, et suivent la marche indiquée dans le rapport précédent. Bientôt après surviennent des constrictions, de la douleur et de l'angoisse dans l'estomac et au péricarde ; une sensation extrême de chaleur intérieure a lieu, une soif violente sans aucune régularité se fait sentir, le malade demande avec instance de l'eau froide, qui aussitôt avalée est aussitôt rendue, accompagnée d'une grande quantité de liquide blanchâtre semblable à une décoction d'avoine. C'est alors que cesse entièrement l'activité du cœur et des artères ; le pouls disparaît aux articulations des mains et aux tempes, où il est tellement faible, qu'à peine il indique au toucher le sentiment incertain et léger d'un mouvement ondulatoire.

La respiration est pénible et précipitée, parfois accompagnée d'inspirations longues et souvent entrecoupées. La peau devient froide, gluante, se couvre de grosses gouttes de sueur occasionnant au toucher une sensation désagréable et humide ; elle prend une teinte bleuâtre, rouge ou bleu-noir. En même tems a lieu une prostration extrême des forces ; une grande agitation, une extrême anxiété assiégent le malade. Son corps se décharne ; les yeux sont en sugillation, hagards et comme de verre, ou bien ternes et comme morts, enfoncés dans leur orbite et entourés d'un cercle noir. Les joues et les lèvres sont pâles et privées de sang ; toute la surface du corps presque insensible.

Chez les individus à constitution faible, ou lorsque la maladie commence violemment et qu'aucun remède n'agit, la scène se termine bientôt ; la circulation du sang et la chaleur animale ne se rétablissent pas même pour quelques instans. Les vomissemens et les déjections, joints à la soif et à l'anxiété, continuent sans relâche ; le malade, enfoncé dans son lit, en délire, privé de toute sensibilité, les yeux fixes, hagards, rend le dernier soupir dans un nouvel accès de convulsions, qui augmentent ordinairement dans l'espace de trois à cinq heures.

La maladie saisit parfois et instantanément les personnes les mieux portantes ; d'autres fois celles dont les organes digestifs sont affaiblis par des maladies antérieures : ces dernières meurent toutes ; quelquefois l'estomac et les intestins sont dérangés avant l'attaque, mais, fonctionnant tout d'un coup d'une manière excessive, cet incident insidieux jette alors le malade dans le danger le plus extrême.

C'est à Ceylan, surtout sur la côte d'est de cette île, *par suite d'influences dependantes de son état physique*, que la maladie a été la plus dangereuse et le plus subitement mortelle, comme nous le prouve l'histoire de toutes les maladies qu'on y a observées. Ces cas sont sans aucun doute à considérer comme les espèces les plus pernicieuses du *choléra*.

Un matelot européen, à bord d'un vaisseau près de Trinkonomali, se couche un soir du mois de juin 1819 dans un état complet d'ivresse. A minuit, il se lève tout en transpiration, va sur le pont, s'y couche, et s'endort. A 4 heures du matin, il s'éveille saisi de frissons, et quitte le pont. Bientôt après il éprouve des tranchées et a fréquemment des selles glaireuses comme de la bouillie. Des nausées et des vomissemens surviennent, mais il ne rend que de l'eau et ce que l'estomac contenait. Le pouls devient petit, accéléré, la peau sèche, mais non pas chaude.

A 8 heures se manifestent à plusieurs parties du corps des spasmes qui attaquent presque aussitôt les muscles abdominaux et lui causent des douleurs violentes. Pendant ces attaques il survient parfois une sueur froide, gluante, principalement sur la figure et la poitrine. Les membres se refroidissent, les traits de la face se retirent, l'estomac rend tout ce qu'il a pris, et est gonflé et tendu ainsi que le ventre pendant toute cette crise.

Des déjections aqueuses accompagnées du plus douloureux tenesme ont incessamment lieu : à dix heures le pouls est à peine sensible à la pression, la respiration pénible et asthmatique ; les yeux s'enfoncent ; tout l'extérieur du malade offre un aspect d'angoisses intérieures particulières, un combat avec la mort. Les membres, couverts d'une sueur gluante, se raidissent ; les spasmes diminuent de violence. Onze heures après que les remèdes, administrés incontinent, eurent été inutilement tentés, la mort vint mettre un terme aux atroces souffrances du malade (1).

Un soldat européen du 73ᵉ régiment, âgé de vingt-huit ans, est reçu à l'ambulance à dix heures du matin. Il raconte que la veille il s'était couché très-bien portant, qu'à quatre heures du matin il avait éprouvé des vomissemens, de la diarrhée, du froid aux pieds, et qu'il avait été tourmenté d'une soif ardente, puis après de crampes dans les lombes. Au moment où il se présenta à l'ambulance, son pouls se faisait à peine sentir ; son visage annonçait une absence totale de forces ; le ventre était froid, couvert d'une sueur gluante ; il eut une évacuation abondante, aqueuse, il se mit seul au lit, où il fut très-agité et où il ne put occuper de place fixe. Les spasmes les plus douloureux dans les lombes ne tardèrent pas à se manifester ; il fut tourmenté d'une soif des plus fortes, et au bout d'une demi-heure le pouls avait entièrement disparu. Il resta dans cet état, toutefois avec diminution de la violence des spasmes, jusqu'à minuit, heure à laquelle il mourut, après que tous les remèdes eurent été inutilement employés.

Un sous-officier d'un régiment anglais composé de Madécasses qui, en général, ne pouvaient résister long-temps à la maladie, fut attaqué subitement à sept heures et demie d'une sensation pénible dans les intestins. Bientôt après il eut une selle liquide et éprouva un vomissement qui lui fit rendre un peu d'eau. A l'instant on lui administra 20 grains de calomélas, une potion stomachique, et un quart-d'heure après on le mit dans un bain chaud. Dans ce bain on lui ouvrit une veine, mais il ne perdit que peu de sang ; moyens inefficaces, il expira à neuf heures un quart, par conséquent une heure trois quarts après l'invasion de la maladie.

____

(1) A l'île Saint-Maurice, presque tous les individus atteints du choléra mouraient au bout de sept ou tout au plus de neuf à dix heures de souffrances.

§ VI.

Du traitement du choléra-morbus.

La nature de cette épidémie n'étant pas suffisamment connue, et les opinions étant partagées à l'égard de ses causes, on ne peut attendre des hommes de l'art qu'une très-grande variété dans les méthodes de traitement de cette maladie, si fréquemment et si subitement mortelle, d'autant plus que parmi ceux qui l'ont observée il y en a qui ont posé en principe: *Qu'il importe beaucoup plus de combattre les phenomènes qui apparaissent successivement, que de connaître les remèdes généralement efficaces.*

Toutefois, basé sur les principes établis par Johnson, dans son ouvrage sur les maladies des tropiques, pour le traitement de la dyssenterie, on suivit de bonne heure la vraie méthode pour la guérison du choléra ; du moins, après l'avoir plusieurs fois abandonnée, force fut d'y revenir après des regrets amers, résultat funeste du changement d'une méthode dont l'expérience avait constaté l'efficacité.

Ce traitement, mis d'abord en usage avec le plus grand succès par Johnson, qui se l'était, avec un égal succès, administré lui-même, lorsqu'il fut attaqué d'une semblable maladie, et qui a pour base l'idée des causes communes à toutes les maladies des tropiques, c'est-à-dire le *dérangement et le trouble des rapports existant entre les fonctions cutanées et hépatiques, et le dérangement de l'équilibre entre la circulation du sang et l'irritabilité;* ce traitement consiste à faire prendre, dans l'espace d'un jour, au malade, de deux, trois ou quatre scrupules de *calomelas* jusqu'à salivation, par laquelle la maladie bientôt est affaiblie ou entièrement éloignée.

Dans le cas, très-rare, où le calomélas, pris seul, occasionnerait des nausées et des spasmes dans quelques parties du corps, une seule dose d'*opium* et un remède sudorifique, afin de rappeler l'activité vers la peau, suffisent pour faire disparaître tous ces symptômes.

Dans les cas moins graves, on emploiera avec non moins de succès, dans l'intervalle de trois ou de six heures, selon l'urgence, 4 à 8 grains de calomélas, 2 à 3 grains d'opium, 10 à 15 grains de poudre antimoniée (Pharm. de Londres) ou d'ipécacuanha. Ensuite on administrera un purgatif d'une once d'huile de ricin.

Lorsque la fièvre est violente, les selles sanguinolentes, une *saignée* devient indispensable.

S'il existe du tenesme, on administrera des lavemens émolliens, et on aura soin de passer autour du ventre une ceinture de flanelle sur laquelle on aura étendu de l'onguent mercuriel et de l'opium.

Cette méthode a été employée par des médecins anglais et orientaux contre le choléra, et a été couronnée partout d'un heureux succès, traitement que j'ai également mis en usage avec avantage dans le typhus contagieux, la dyssenterie, plusieurs fièvres épidémiques, etc.

C'est ainsi que Corbyn traita 110 malades. Il leur fit administrer sur-le-champ

15 grains de calomélas, lesquels mis sur la langue, furent introduits dans l'estomac au moyen d'un mélange de 60 gouttes de laudanum, de 20 gouttes d'huile de menthe, et de 2 onces d'eau. Cette dose de médicament est, selon les recommandations expresses de Corbyn, la plus convenable; car, dit-il, 60 gouttes de laudanum, au lieu d'exciter et d'agiter comme font 15, 20 ou même 30 gouttes, agissent comme calmant, et de même, tandis que 5, 8 ou 10 grains de calomélas produisent de l'affaiblissement, du malaise et de l'inflammation dans les intestins, et par suite de cet effet des évacuations, au contraire, 15 ou 20 grains agissent comme calmant, arrêtent les vomissemens et les spasmes, procurent au malade un sommeil doux, et provoquent seulement une ou deux évacuations.

Après ce premier traitement, ayant pour but de calmer l'irritabilité inflammatoire et les spasmes qui ont lieu pendant le premier jour, Corbyn, donna, le lendemain, où déjà les vomissemens, les déjections et les spasmes avaient cessé, qu'une légère transpiration générale de la peau s'était établie, qu'un bon sommeil avait calmé le malade, et que le pouls, aux articulations des mains, était déjà sensible au doigt, il donna 30 grains de jalap, afin de provoquer une ou deux évacuations bilieuses.

En employant cette méthode sur cent dix malades, Corbyn n'en perdit que deux, et encore ces deux individus étaient-ils âgés et très-affaiblis.

Il recommande en outre de faire une *large saignée* sur les Européens (1), *et de ne jamais donner une dose de calomélas moins forte que de vingt grains, de soixante gouttes de laudanum et de vingt gouttes d'huile de menthe*, étendus dans deux onces d'eau.

En outre, il applique un grand *vésicatoire* sur le ventre lorsque les organes abdominaux se trouvent affectés de spasmes.

Si pourtant ces vésicatoires (2) ne tirent pas, ou si le sang ne sort pas abondamment de la veine, il fait mettre le malade dans un *bain chaud* ou le fait frictionner et *asperger d'eau chaude* (3).

---

(1) Un exemple frappant de l'utilité de la saignée nous a été communiqué par le docteur Burell, médecin du 65ᵉ régiment, composé d'Européens. De 88 malades qui furent saignés sur 100, deux seulement moururent; sur 12 qui ne furent pas saignés il en perdit 8. Le docteur Marshall, à Ceylan, fait à l'égard de la saignée la même observation; quoiqu'en général opposé à son emploi, il la trouva utile chez les Européens, si elle est pratiquée avant que l'action du cœur et des artères ait diminué; mais il la trouva inutile chez les nègres, et lorsque surtout la peau était déjà froide, gluante, et que le pouls commençait à faiblir.

(2) Au lieu de cantharides on employa plus tard un mélange de deux parties d'acide nitrique étendu dans une partie d'eau, lequel, mis sur la peau avec une plume, fut immédiatement après saturé d'une dissolution de potasse pure. On peut aussi, afin de neutraliser l'acide, laver simplement avec de l'eau les endroits sur lesquels on l'a étendu. Cette manière de rubéfier la peau par son action prompte et forte est, dans le choléra, préférable à tout autre moyen.

(3) Boyle recommande de ne jamais négliger, dans le choléra de la plus maligne espèce, les bains chauds; mais il fait observer qu'il ne les a jamais trouvés salutaires lorsque le malade ne se plaignait pas de leur chaleur trop forte et qu'il ne demandait pas à en sortir; il les a jugés tout à fait inefficaces lorsque le malade s'y trouve

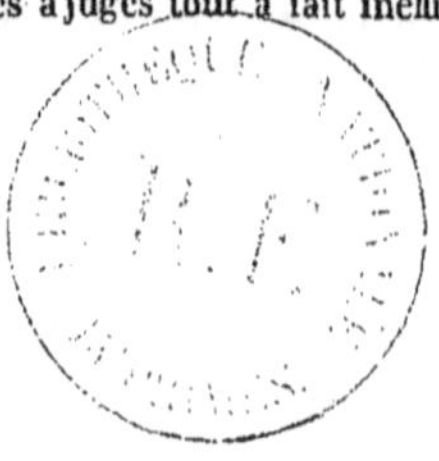

Dans les vomissemens et les déjections alvines continuels et très-violens, il fait avaler au malade 80 gouttes de laudanum, 20 gouttes d'huile de menthe et 20 grains de calomélas, et lui fait administrer en outre un lavement composé d'eau de riz et de 40 gouttes de laudanum. Si au bout de trois ou quatre heures le malade n'est pas mieux, il devient nécessaire, même urgent, de répéter cette dose, après quoi il s'endort, et à son réveil se trouve presque guéri.

Dans la convalescence, le traitement consiste, afin d'entretenir la régularité des fonctions intestinales, à faire usage de doses de calomélas et de jalap, et de quelques gouttes de laudanum si le sommeil manquait.

Corbyn avertit de ne pas tirer de sang aux individus âgés ou très-affaiblis par des maladies. Ce même médecin, ainsi que Boyle, conseille de ne jamais satisfaire le désir violent des malades de boire de l'eau froide. Il dit en avoir vu plusieurs se plaignant de soif ardente, de sensation de brûlure dans le creux de l'estomac et dans les intestins, rendre le dernier soupir pendant qu'ils satisfaisaient leur désir.

Corbyn recommande au contraire de donner pour boisson de l'eau de riz chaude, et finit par conseiller de ne jamais donner le calomélas en pilules, car souvent les malades le rendent sous cette forme, ce qui ne peut être que très-fâcheux dans une maladie qui ne dure que douze à trente heures au plus. Par la même raison, il donne l'opium liquide; il le combine avec l'huile de menthe afin de dégager l'estomac et les intestins de l'air qui s'y développe.

Pendant que ce traitement, recommandé par les autorités de Bombay, était mis en usage par le docteur Corbyn, le docteur Tytler se servait d'une méthode semblable dans le traitement du choléra. Il fit prendre au malade, au début de la maladie, huit grains de calomélas, et après cela de l'opium par grain, un à un, et sous forme solide. Dès que le pouls eut disparu, que la peau fut devenue froide, il ordonna une potion antispasmodique et stimulante composée de deux onces d'éther, d'autant d'esprit de sel ammoniac simple, étendus dans une bouteille d'eau.

En même tems il fit continuer l'usage du calomélas à la dose de 4 grains, jusqu'à ce que la violence des symptômes eut cessé. Dans quelques cas il se vit obligé d'administrer 10 grains de calomélas, 4 grains d'opium et 8 onces de la susdite mixture à prendre dans l'espace de 24 heures. Presque toujours les vomissemens cessèrent après la première dose de calomélas, et le malade fut rétabli. Cette méthode, qui fut rendue publique, a été préconisée par le docteur Tytler comme la meilleure de toutes; il rejette en même tems celle de Corbyn, prescrivant des doses plus fortes de calomélas et d'opium, et croit que les guérisons que ces doses avaient amenées ne voulaient dire autre chose que tous les malades ne seraient pas morts.

Néanmoins, les rapports de beaucoup de médecins confirment la grande utilité et l'efficacité de la méthode dont se servit Corbyn. Tous unanimement administraient le calomélas et l'opium d'après sa méthode, saignaient largement au commencement

---

seulement bien; aussi à Bombay, en 1821, les bains qu'il fit prendre étaient tellement chauds que la peau des malades y devenait presque rouge.

de la maladie ; ils faisaient prendre des bains très-chauds , employaient des frictions chaudes , des cordiaux , etc. , etc.

Les médecins Boyle, Wallace, Burrell , Whyte, Daws, Craw, Crampbell , Tod , Milwood , Richards, Longdill , Robertson , Gordon , Coates , Jukes , Taylor, Ogilvy , le secrétaire du conseil de santé à Bombay , tous déclarent unanimement avoir obtenu de cette méthode des résultats plus heureux que de toute autre.

Le traitement mis en usage par cent quarante médecins anglais , sur les rapports desquels se composent ceux des conseils sanitaires de Calcutta et de Bombay, est également celui de Corbyn (1). Voici , par exemple, ce que l'on dit dans le rapport de Calcutta. Il était généralement opportun de faire sur tous les Européens et sur les indigènes robustes, dans la première, la deuxième ou la troisième heure après la première attaque , une saignée de douze à trente onces. *Dans tous les cas où la saignée eut lieu, dans ces circonstances, elle arrêta plus les progrès de la maladie que tout autre moyen.* Les spasmes cessèrent, l'irritabilité de l'estomac et des intestins se calma ; les fonctions vitales, en général, se rétablirent promptement.

Sur les indigènes , chez lesquels la prostration générale des forces survenait ordi-

---

(1) La maladie suivante nous fournit un exemple remarquable de la latitude dont on peut , *en certains cas* , user sans danger dans l'emploi de ces remèdes.

Le 18 mai 1819, à Madras, le docteur Lloyd fut appelé à minuit chez un officier anglais , jeune et robuste ; le malade, quoique attaqué du choléra depuis quelques instans seulement, était déjà froid ; la circulation du sang avait cessé dans les membres inférieurs ; les spasmes avaient affecté la cuisse gauche et les muscles abdominaux. Sur-le-champ il lui fit prendre 120 gouttes de laudanum avec deux gros d'éther, et en outre toutes les 10 minutes un verre entier d'eau-de-vie avec autant d'eau.

Une demi-heure après, les spasmes de l'estomac et des membres redoublèrent ; on fomenta tout le corps avec de l'eau très-chaude ; 20 minutes après la première dose de teinture d'opium , il lui fit prendre une seconde dose de 150 gouttes dans 4 onces d'eau-de-vie. Un quart-d'heure après les spasmes augmentèrent encore, le pouls devint faible et intermittent. Une saignée de 45 onces fut faite au bras droit.

Bientôt le malade se sentit mieux ; les spasmes diminuèrent de violence , et les intervalles entre les attaques devinrent de plus en plus longs. Deux heures après le commencement de la première attaque , les spasmes cessèrent entièrement. Le pouls s'était relevé ; il devint régulier et petit. Le malade tomba dans un sommeil léthargique, dans lequel il resta trois jours ; le quatrième, on lui administra 25 grains de calomélas , 2 scrupules de jalap, et ces remèdes étant restés sans effet , trois heures après on lui fit prendre demi-gros de crême de tartre, 2 scrupules de jalap, et 8 grains de gingembre.

Bientôt après il eut plusieurs selles très-noires et abondantes. Alors on lui fit prendre une seconde médecine, composée de deux onces de sulfate de magnésie, d'une once et demie de manne, d'une livre d'infusion de séné, et d'une once et demie de teinture de séné composée, et dont il avala toutes les heures deux cuillerées à soupe. Pendant trois jours le malade fit plusieurs selles *compactes* par jour, et se rétablit entièrement.

nairement très-subitement, une saignée cessait d'être aussi utile (1). Dans ces cas, le rapport, tout en insistant comme ailleurs sur l'emploi de la saignée, recommande en outre les délayans, les antispasmodiques très-énergiques et les stimulans combinés avec le calomélas, ensuite de légers purgatifs et des fortifians.

Dans le rapport de Bombay, la *saignée* est également recommandée, surtout chez les Européens, et même chez les indigènes robustes, comme le remède le plus sûr, si surtout elle peut être faite assez tôt; ensuite le calomélas, qui, réuni en dose suffisante à l'opium, est, au commencement de la maladie, pour les indigènes, ce qu'est la saignée pour les Européens.

On fait prendre d'abord une dose d'un scrupule de calomélas avec 60 gouttes de laudanum, puis, sept à huit heures plus tard, une once d'huile de ricin, afin de compléter la cure. De même, après que la maladie paraît céder à l'effet du calomélas, il est recommandé d'en continuer l'usage, et de ne pas négliger celui des bains chauds et des frictions aromatiques.

A Ceylan, où la maladie fut si meurtrière et si subitement mortelle, Marshall fit sortir peu de sang de la veine; il donna une fois ou quelquefois toutes les deux heures un scrupule de calomélas; il employa des excitans, de l'opium; il fit prendre des bains chauds, administrer des lavemens d'eau de riz; il fit usage de frictions de térébenthine; il fit l'essai d'autres remèdes, mais sans beaucoup de succès. Firlayson, au même endroit, employa avec plus de succès de petites doses de dix gouttes d'opium, souvent répétées, et principalement le calomélas, d'abord de 20 à 30 grains, ensuite, de deux, trois à quatre heures chaque fois, de 8 à 10 grains. Il trouva les saignées salutaires et les frictions nuisibles. Il recommande en outre des remèdes cordiaux et spiritueux, des lavemens avec un peu d'opium et d'huile de térébenthine.

A l'île Maurice, où la maladie fut peut-être plus meurtrière encore, le docteur Kinnis obtint quelque succès de l'usage seul du calomélas. Il en administra d'abord un scrupule et réitéra cette dose toutes les fois que le malade la rendit; dans le cas contraire, il fit prendre toutes les heures 5 grains de ce médicament. Les vomissement ne se calmèrent ni par l'usage de l'opium, ni par celui de l'acide sulfurique. La saignée aussi était souvent nuisible.

A Java, les autorités firent distribuer des potions composées d'eau-de-vie, de laudanum et d'huile de menthe, dont l'usage, d'après les gazettes hollandaises, eut beaucoup de succès.

Après de nouvelles observations que je recueille sur le cholera qui règne en Europe, je ferai connaître, dans une nouvelle brochure, le mode d'application dans nos contrées, non-seulement des remèdes employés par les médecins dans l'Inde, mais encore j'indiquerai des médications plus rationnelles et plus appropriées à la constitution et au caractère particulier qu'a pris la maladie.

---

(1) Marshall croit également que les Européens ne succombèrent pas sous les coups foudroyans de la maladie aussi vite que les Africains, les Hindous, etc.; et par conséquent il reste plus de tems pour employer les médicamens chez les premiers que chez les derniers, dont le système vasculaire était épuisé plus tôt.

www.ingramcontent.com/pod-product-compliance
Lightning Source LLC
Chambersburg PA
CBHW061801060726
47597CB00007B/3059